Design graphique : Anne Bérubé
Traitement des images : Mélanie Sabourin
Retouche des photos : Patrick Thibault
Révision et correction : Céline Sinclair

Il est possible de joindre les auteurs par courriel
aux adresses suivantes :

henridorion@videotron.ca
pierrelahoud@oricom.ca

Catalogage avant publication de
Bibliothèque et Archives Canada

Lahoud, Pierre
    Québec : villes et villages vus du ciel

    1. Villes - Québec (Province) - Photographies
aériennes. 2. Villages - Québec (Province) -
Photographies aériennes. 3. Québec (Province)
- Photographies aériennes. 4. Québec (Province).
I. Dorion, Henri. II. Titre.

FC2912.L332 2005   917.14'0022'2
C2005-940448-5

Pour en savoir davantage sur nos publications,
visitez notre site : **www.edhomme.com**
Autres sites à visiter : www.edjour.com
www.edtypo.com · www.edvlb.com
www.edhexagone.com · www.edutilis.com

03-05

© 2005, Les Éditions de l'Homme,
une division du groupe Sogides

Dépôt légal : 1er trimestre 2005
Bibliothèque nationale du Québec

ISBN 2-7619-2059-7

DISTRIBUTEURS EXCLUSIFS :

· Pour le Canada et les États-Unis :
MESSAGERIES ADP*
955, rue Amherst
Montréal, Québec H2L 3K4
Tél. : (514) 523-1182
Télécopieur : (450) 674-6237
* Filiale de Sogides ltée

· Pour la France et les autres pays :
INTERFORUM
Immeuble Paryseine, 3, Allée de la Seine
94854 Ivry Cedex
Tél. : 01 49 59 11 89/91
Télécopieur : 01 49 59 11 96
Commandes : Tél. : 02 38 32 71 00
                    Télécopieur : 02 38 32 71 28

· Pour la Suisse :
INTERFORUM SUISSE
Case postale 69 - 1701 Fribourg - Suisse
Tél. : (41-26) 460-80-60
Télécopieur : (41-26) 460-80-68
Internet : www.havas.ch
Email : office@havas.ch
DISTRIBUTION : OLF SA
Z.I. 3, Corminbœuf
Case postale 1061
CH-1701 FRIBOURG
Commandes : Tél. : (41-26) 467-53-33
                    Télécopieur : (41-26) 467-54-66
                    Email : commande@ofl.ch

· Pour la Belgique et le Luxembourg :
INTERFORUM BENELUX
Boulevard de l'Europe 117
B-1301 Wavre
Tél. : (010) 42-03-20
Télécopieur : (010) 41-20-24
http ://www.vups.be
Email : info@vups.be

Gouvernement du Québec - Programme de crédit
d'impôt pour l'édition de livres - Gestion SODEC -
www.sodec.gouv.qc.ca

L'Éditeur bénéficie du soutien de la Société de
développement des entreprises culturelles du Québec
pour son programme d'édition.

Le Conseil des Arts du Canada
The Canada Council for the Arts

Nous remercions le Conseil des Arts du Canada de l'aide
accordée à notre programme de publication.

Nous reconnaissons l'aide financière du gouvernement
du Canada par l'entremise du Programme d'aide au
développement de l'industrie de l'édition (PADIÉ)
pour nos activités d'édition.

Le Québec

Villes et villages vus du ciel

Pierre Lahoud et Henri Dorion

Le Québec

Villes et villages vus du ciel

LES ÉDITIONS DE L'HOMME

Nous tenons à remercier Renée Hudon, qui a été notre première lectrice et conseillère linguistique. Merci également à l'équipe des Éditions de l'Homme : à Anne Bérubé, qui a créé le graphisme de ce livre ; à Mélanie Sabourin, qui a procédé à la numérisation des photos ; et à Céline Sinclair, qui a effectué la révision et la correction des textes.

Nous sommes aussi redevables à Andrée Gauthier, qui s'est chargée de la cartographie, ainsi qu'à Frances Caissie, Christine Eddie et Johanne Robitaille, pour leurs encouragements soutenus tout au long de la préparation de ce livre.

Notre gratitude va également à l'équipe de Pro-Aviation et aux excellents pilotes que sont Patrick Simard et Gérard Thériault. Finalement, nous nous en voudrions d'oublier Daniel Lacerte, pilote et neurochirurgien ; encore une fois, avec sa passion et sa disponibilité il nous a beaucoup aidés dans la réalisation de ce livre.

Mon pays a quatre villes : mes filles Karen, Nathalie, Geneviève et Anik. Je leur dédie ce livre.

Henri

Mon pays a une capitale : Alison. Je lui dédie ce livre.

Pierre

Carte des lieux cités

Ce livre montre qu'il n'est nul besoin de chasse-galerie pour voir défiler de là-haut les villes, les villages, les routes et les champs qui font le Québec habité. L'oie blanche motorisée n'a ni le plumage ni la noble élégance de son modèle vivant mais, mise au service de la géographie, elle permet de voir le monde comme Dieu le voit, ou presque. Tout un univers s'offre ainsi au photographe aérien : la situation des villes et des villages par rapport à l'environnement régional, leurs sites, la forme des agglomérations, la densité de l'occupation de l'espace, bref, la logique du territoire. Vu du ciel, le pays se prête aussi à des comparaisons d'ensemble et, pourquoi pas, à quelques petites indiscrétions que ne permet pas la visite à hauteur d'homme.

Ce livre constitue une autre manière de voir nos villages et nos villes, un complément aux descriptions que l'on nous a souvent présentées de nos habitats. C'est une courtepointe réalisée à partir des petites synthèses locales que sont les photos aériennes.

6. Saint-Anicet, un des premiers villages que rencontre le Saint-Laurent après son entrée au Québec. Il en verra une centaine d'autres avant de se perdre en mer.

L'introduction au pays du Québec, c'est le Saint-Laurent (7). Un océan, un golfe qui est presque une mer, un estuaire qui tarde à se resserrer, puis un fleuve qui, depuis des centaines de kilomètres, roule sa puissance tranquille, ainsi apparut le pays aux yeux des explorateurs venus d'Europe : une voie d'eau royale à la dimension du vaste territoire qu'elle draine.

En se présentant d'abord comme la majestueuse entrée d'un pays neuf, le Saint-Laurent a offert aux nouveaux arrivants ses rivages pour qu'ils y sèment maisons et villages. Dès lors, un chapelet d'installations humaines a progressivement constitué une haie d'honneur à la fois modeste et grandiose encadrant le grand fleuve (8). Un nouveau pays naissait...

Un pays antérieur, fort ancien, s'étendait déjà sur l'immense forêt boréale sillonnée de rivières (9), percée d'un million de lacs ; un pays sauvage fait d'activités mouvantes, de relais temporaires, de villages éphémères. Un pays déjà apprivoisé, presque sans villages, où le concept même de ville était d'un autre monde. Mais, de la hutte au village et du village à la ville, le temps a fait son chemin avec la belle complicité des rivières qui quadrillent le pays. Comme Vénus et Neptune, le Québec est né de l'eau. Le survol qu'en propose ce livre l'illustrera généreusement ; car rares sont les sites dépourvus de quelque plan d'eau où se reflètent les couleurs changeantes du ciel québécois. Mais l'arrière-pays aussi a accueilli, de la frontière méridionale aux solitudes de la toundra, de nombreux villages et quelques villes dans des sites où les paysages parlent de montagnes, de forêts, de neige, de distance, d'isolement et, presque toujours, d'harmonie avec la nature.

Où qu'ils aient enfoncé leurs racines, les villages du Québec expriment la passion d'un pays neuf, dont le lent mûrissement rappelle les mots de Paul Valéry :

« Patience, patience
Patience dans l'azur.
Chaque atome de silence
Est la chance d'un fruit mûr. »

7. Large est l'entrée du pays neuf.

8. Le Saint-Laurent a accueilli sur ses rives les premiers villages du pays ; ici, Lotbinière.

9. Tout autant que le Saint-Laurent, les rivières qui découpent l'océan de montagnes qu'est le
Bouclier ont retenu des villages sur leurs minces littoraux : Saint-Jean-des-Piles et Grandes-Piles.

Petit à petit, l'oiseau fait son nid

Chapitre 1

Petit à petit, l'oiseau fait son nid :

un brin, puis un autre ; un nid, une famille, puis une colonie. L'homme a trouvé un modèle à suivre dans la nature. Petit à petit, il construit sa maison, son village, sa ville. L'origine de toute ville se retrouve dans une maison (11), parfois même une simple cabane qu'a construite de ses mains, pour abriter sa première nuit, celui qu'on reconnaîtra comme le fondateur.

Il est des types de maison qui ont fait école et dont le style est devenu une référence. Inspirée de la maison française, la maison villageoise traditionnelle du Québec est belle, avec ses lignes simples et harmonieuses (12). L'influence britannique s'est ensuite fait sentir (13) et certaines fonctions particulières nécessitant, par exemple, l'adjonction d'un moulin (14) ont contribué à doter le pays de grandes maisons confortables.

L'emplacement de la maison rurale, installée près du chemin, à la tête de champs s'étendant loin derrière (15), a donné lieu à un système cadastral original basé sur le rang ; celui-ci peut être simple ou double, selon que les maisons bordant le chemin s'y retrouvent d'un seul côté (16) ou des deux (17).

Les particularités du relief amènent parfois les maisons à se regrouper, formant ainsi de minuscules hameaux dont certains deviendront des villages. Se confondant souvent avec la paroisse, le village québécois s'est développé autour de l'église, qui en est le cœur ; il s'étire d'abord en un long fil souvent en position littorale (18) mais, avec les années, il ajoute à son chemin principal des rues parallèles qui forment un plan en damier (19). Les activités venues se greffer à la vocation agricole traditionnelle, comme l'exploitation forestière ou la villégiature, ont contribué au développement des villages.

PAGES PRÉCÉDENTES :
10. Blotti tout contre la citadelle, un quartier de la Vieille Capitale garde le souvenir vivace de ce que Québec fut à l'origine, un modeste village français de la lointaine Amérique.

⊚ 11. Une maison, un minuscule lopin de terre : ainsi ont commencé bien des villages.

12. La beauté de la maison québécoise réside dans l'équilibre avec la nature : poème de pierre et symphonie de verdure dans la vallée du Richelieu.

13. L'influence du cottage écossais apparaît dans quelques maisons rurales qui respirent l'aisance (Sainte-Famille, île d'Orléans).

Comme le nid devient colonie, en se multipliant, la maison devient village, puis ville. La relation entre le logis et l'espace se transforme alors et l'alignement des habitations se resserre. Les quartiers périurbains transposent le modèle rural d'occupation du sol, chaque demeure s'adjoignant souvent un plan d'eau pour bénéficier du trop court été (20) ou quelques mètres de verdure et de végétation, parfois les deux. Ailleurs, ces deux timides rappels de la campagne brillent par leur absence ; densité urbaine oblige !

En effet, lorsque l'habitat se fait plus dense, l'immeuble à logements multiples prend le pas sur la maison individuelle. Des quartiers entiers sont faits de ces ruches à habiter (21), que des efforts stylistiques contribuent à enjoliver (18). Mais les villes ne se sont pas développées de façon aussi systématique. Des additions successives les ont dotées d'une intéressante complexité s'exprimant par une variété de styles et de gabarits. Cela dit, certains quartiers citadins ont conservé une belle homogénéité et témoignent de l'harmonieuse richesse du patrimoine architectural du Québec (23, 24).

14. La force motrice des rivières a conditionné le peuplement : tel fut le rôle du moulin de La Chevrotière, à Deschambault.

15. La maison rurale avec ses dépendances et, derrière, des champs s'étirant longuement vers un carré de bois debout, voilà la cellule de base du système du rang (Basse-Mauricie).

PAGES PRÉCÉDENTES :
16. Rang simple à Maskinongé.

⬆ 17. Rang double près de
Saint-Appolinaire.

➡ 18. Champlain : un village-
rue en position littorale
comme tant d'autres le long
du Saint-Laurent.

19. Le damier formé par le développement récent de Cacouna forme prémisse aux grands quartiers périurbains.

20. Piscines hors terre, parterres gazonnés et arbres décoratifs adoucissent l'aspect répétitif des quartiers-dortoirs.

21. À Montréal, des quartiers entiers se caractérisent par des édifices comprenant trois logements superposés ayant un accès direct à la rue par un escalier extérieur.

22. D'autres quartiers, plus récents, présentent une synthèse de solutions : immeubles résidentiels, séries de maisons jointives, duplex...

23, 24. L'harmonie et l'état de
conservation des édifices du
Vieux-Québec justifient
amplement l'inscription de
Québec sur la liste des villes
du patrimoine mondial de
l'UNESCO.

Au fil de l'eau

Au fil de l'eau, les avirons des canots amérindiens rythment silencieusement le cortège de paysages qui défilent de chaque côté de leur voie liquide : une scène cent mille fois répétée durant des siècles aux quatre coins du Québec, le long de ses rivières, à travers ses lacs, à la pointe de leurs confluences. Et cela, jusqu'à ce que, battant pavillon français, anglais ou espagnol, d'imposants navires, gros pour l'époque, enfilent cette voie royale, cette porte d'empire qui était pour les autochtones le « chemin qui marche », et s'amarrent à des échoueries jugées propices.

Des voyageurs venus du soleil levant y construisirent des abris qui deviendront des postes de traite, puis des villages et finalement des villes. N'oublions pas que le Saint-Laurent était déjà, bien avant l'arrivée des Européens, cette artère vitale où aboutit un réseau de longues rivières, aussi nombreuses que les jours d'une année, drainant un immense arrière-pays. Si le fleuve a été le premier à se parer d'un ruban de villages qui s'échelonnent sur ses rives, d'autres villages lui ont fait écho, attirés dans l'arrière-pays par la mystique de l'intérieur, laquelle était parfois alimentée par la douce beauté des lacs.

Mer, golfe, fleuve, rivières et lacs ont, depuis la naissance du pays jusqu'à aujourd'hui, offert généreusement leurs rivages à l'installation humaine. C'est au fil de l'eau que le Québec s'est construit.

PAGES PRÉCÉDENTES :
25. À Natashquan, la route 138 traverse un dernier pont avant d'atteindre son terminus, après avoir accompagné le fleuve sur plus de mille deux cents kilomètres.

☺ 26. Écoutez bien : à peine un ronronnement de moteur et un léger clapotis. C'est le reflet du calme séculaire de Saint-Jean-de-l'Île-d'Orléans.

Le fleuve a été, dès les débuts de l'européanisation des terres d'Amérique, la voie de pénétration du pays. De ce fait, les villages qui le bordent conservent le souvenir des premiers temps dont ils sont des témoins vivants (26). Vivants parce qu'ils ne sont pas que des reliques, mais plutôt des interprètes du dialogue entre un passé qu'il faut sauver de l'oubli et un présent qui exige d'eux une adaptation parfois difficile, bien que souvent réussie.

Longer le Saint-Laurent, du côté nord comme du côté sud, c'est refaire, dans le même sens ou à rebours, le cheminement des découvreurs et celui des semeurs de villages. Un tel périple amène le voyageur depuis ces bouts du monde que sont la Gaspésie qui s'effile dans le golfe et les quelques villages qui s'accrochent obstinément aux littoraux rocheux de la Côte-Nord (28) jusqu'à une autre pointe, à l'ouest, laquelle s'insinue entre les États-Unis et l'Ontario.

Le long de ce parcours, une haie magistrale suit et enveloppe la route qui longe fidèlement le fleuve, relique d'une forêt devenue champs en culture (30). Il faut

⊙ 27. Anses et pointes se succèdent sur les bords du Saint-Laurent ; et la route, de village en village, d'en suivre fidèlement les contours.

⊙ 28. Il fallait une bonne dose de volonté et de courage pour accrocher un village aux rochers de cette terre difficile qu'est la Basse-Côte-Nord. Un défi qu'a relevé Johan Beetz qui a donné son nom au village.

suivre ce chemin, pavé d'histoire et de légendes, s'arrêter dans chacun des villages qui bordent le « chemin qui marche » et que, de loin, annoncent autant de clochers (29). De là, il faut observer au fil des jours le va-et-vient des voitures d'eau de toutes dimensions, de toute allégeance, de toute destination et comprendre ainsi que les villages en front de fleuve sont les témoins vivants de la naissance du pays et de sa maturation.

29. Le Saint-Laurent est balisé de ces phares spirituels que sont les clochers.

30. À Saint-Laurent, la neige met en exergue le couloir de verdure qui accompagne le chapelet de maisons et de villages ceinturant l'île d'Orléans.

Les rivières du Québec sont généreuses. Les Québécois ont su profiter de ce qu'offrait la nature ; les villages ont accepté la naturelle invitation que leur lançaient les rivières à venir s'établir sur leurs bords. Dans la plaine, leur proximité est un complément à la qualité des terres. C'est là que les plus anciens villages se sont installés. En montagne et en forêt, c'est bien différent : les rivières offrent des plaines littorales, souvent bien étroites mais accueillantes, en opposition à un relief d'arrière-pays moins hospitalier. Ces villages sont en quelque sorte des témoins des étapes qui ont marqué la conquête des régions marginales.

Souvent paresseuses dans la plaine du Saint-Laurent, les rivières s'abandonnent à la capricieuse errance de leurs méandres (90). Parfois, ceux-ci emprisonnent même des villages dans une de leurs audacieuses volutes (32). D'autres vont droit au but, comme le Richelieu, témoin de l'histoire courageuse des villages qui ponctuent son cours tranquille (31).

Aux abords des reliefs plus élevés que sont le Bouclier au nord et les Appalaches au sud, les ruptures de pente se sont prêtées à l'installation de moulins qui ont constitué, dans bien des cas, la toute première origine d'un village, ce dont la toponymie rend souvent compte (33).

Au nord du Saint-Laurent, l'océan de montagnes arrondies que constituent les Laurentides a laissé peu de place à l'extension des villages, souvent resserrés entre montagne et rivière. De ce fait, les embouchures des rivières ont offert des sites favorables à des installations humaines qui ont joué le rôle de portes de sortie pour les richesses de l'arrière-pays. Il n'y a donc rien d'étonnant qu'à la longue série de rivières qui aboutissent au Saint-Laurent corresponde un chapelet de villages sentinelles, avantageusement postés aux confluences et qui livrent au grand fleuve le message de régions aussi lointaines que différentes (34).

31. Entre le mont Saint-Hilaire et le Saint-Laurent, le chemin des Patriotes longe un Richelieu qui égrène un chapelet de villages historiques.

32. Il s'en est fallu de peu que le village de L'Assomption, enserré dans un vigoureux méandre de la rivière éponyme, soit une île.

33. Terrebonne s'est développée autour et à partir de l'île des Moulins dont l'aménagement raconte aujourd'hui l'ingénieux parti que nos ancêtres ont su tirer du site.

34. Natashquan, double
terminus : celui de la route
nord-côtière et celui de la
rivière éponyme, issue du
lointain arrière-pays.

La mer, que l'on pourrait croire éloignée du Québec, y est pourtant bien présente. D'ouest en est, en effet, le fleuve se coiffe progressivement d'une auréole maritime : largeur, salinité, faune marine deviennent ses atouts (35, 36). « Progressivement », avons-nous dit : en effet, géographes, hydrographes, cartographes et autres spécialistes discutent encore à savoir où le fleuve devient estuaire et où l'estuaire devient golfe. Le langage populaire ne s'encombre pas de ces distinctions et a consigné dans la toponymie le caractère maritime de plusieurs villages « d'en bas », en accolant à leur nom l'indication « sur mer ». Pour les Québécois, qu'un village soit en position fluviale, estuarienne ou maritime, c'est du pareil au même : le fleuve est là, dans « sa gloire, sa majesté et son indépendance », aurait dit Bossuet.

Mais quand le fleuve devient estuaire puis mer, à bien y regarder, il y a une différence. En aval de Québec, les deux ensembles montagneux qui enserrent la plaine du Saint-Laurent, les Appalaches (37) et le Bouclier canadien (38), se cherchent et se trouvent presque ; seul le fleuve les sépare. Le résultat contribue à la beauté des sites de ce chapelet de villages coincés entre mer et montagne. Côte-Nord, Bas-du-Fleuve et Gaspésie sont à cet égard des régions bénies des dieux… et de la géographie. Faute d'un arrière-pays riche en terres généreuses, ces villages côtiers ont bénéficié de l'eau qui leur a offert ses ressources, dont la pêche et le tourisme.

Les littoraux du Québec sont ponctués de nombreuses indentations dont la plus célèbre est le fjord du Saguenay. La verticalité de ses abords rend difficile l'installation humaine. Mais partout où la nature a fait preuve de quelque générosité, les habitants ont cultivé les rares arpents de terre qu'elle leur offrait. Dans ses marges septentrionales, elle a été plus parcimonieuse encore et les villages inuits qui s'accrochent à ce paysage de roche n'ont de ressources que celles de l'eau, côté mer comme côté rivières.

⊘ 35. Devant Pointe-Parent, au-delà de quelques-unes des îles estuariennes de la rivière Natashquan, se déploie le golfe du Saint-Laurent, une véritable mer intérieure.

⊖ 36. Percé : un Finistère, un bout du monde, un doigt pointé vers la mer… et l'Europe.

⊝ 37. Entre les derniers
soubresauts des Appalaches et
l'estuaire, quelques lambeaux
de terre ont suffi pour que
s'y installent des habitants
friands de paysages
spectaculaires.

⊕ 38. Saint-Joseph-de-la-Rive
est en position similaire mais
bénéficie d'un accident de la
nature : l'éboulement ayant
formé une langue de terre qui
s'avance dans le fleuve et d'où
part le traversier pour l'île
aux Coudres.

Les îles du Saint-Laurent sont légion ; leur nombre dépasse largement le millier. Entre ces îles verdoyantes, parcelles échappées de la plaine littorale qui égaient le fleuve à l'ouest, et ces arides rochers battus par les vents et les vagues du golfe, tous les intermédiaires existent, mais ces fragments de pays qui parsèment le fleuve n'ont pas été humanisés avec la même intensité. En effet, quelle réalité commune partagent le gardien de phare solitaire et les millions de citadins qui peuplent l'île de Montréal ?

Le milieu insulaire confère à l'habitat des îles des caractéristiques originales qui les distinguent fortement les unes des autres (39). Ainsi, les deux grands deltas qui rythment le Saint-Laurent dans sa traversée du Québec et leurs habitats respectifs n'ont rien de commun : c'est sur l'île de Montréal que s'étend la deuxième plus grande agglomération urbaine du Canada (41) alors que, à quelques dizaines de kilomètres en aval, les cent îles du lac Saint-Pierre abritent un doux paysage amphibie, discrètement humanisé, presque exotique à force d'originalité.

En aval de Québec, quelques îles de bonnes dimensions et, au premier chef, l'île d'Orléans, ont conservé leur vocation agricole traditionnelle à laquelle aujourd'hui, tourisme oblige, s'ajoutent progressivement résidences secondaires et aménagements divers (40). Puis, en poursuivant son cours puissant vers l'est, le Saint-Laurent se pare d'une guirlande d'îles qui, de par leur caractère de plus en plus rocheux et austère, accueillent de moins en moins de villages.

Mais deux exceptions de taille viennent contredire ce *decrescendo.* Au bout de son périple, lorsque le grand fleuve a définitivement pris son visage et sa dimension maritimes, il s'évertue, à force de vents et de brume, à entourer d'un peu de mystère et de nostalgie des îles dont on pourrait dire qu'elles bénéficient autant qu'elles souffrent d'une certaine extraterritorialité par rapport au reste du Québec. Anticosti et les îles de la Madeleine constituent de belles exceptions dans le paysage québécois ; leurs villages partagent cette originalité.

39. Quand ils quittent leurs îles pour Montréal, les Madelinots ont peut-être la nostalgie de la large disposition de leurs maisons.

⊖ 40. En protégeant Québec
par d'imposantes fortifications,
l'homme a imité la nature qui
lui a offert l'île d'Orléans
comme gardienne de son aval.

⊕ 41. Montréal, une île ? C'est
aux heures de pointe que les
résidents de la banlieue sud le
réalisent... et le déplorent.

Des lacs par centaines de milliers ponctuent le territoire québécois depuis sa frontière méridionale jusque dans les solitudes du Nord. Plusieurs de ces plans d'eau ont attiré explorateurs et paysans, puis sportifs et villégiateurs.

Dans la plaine du Saint-Laurent, les rares étendues d'eau sont entourées de terroirs et de villages agricoles ; certains sont devenus villes grâce à des facteurs favorables à la diversification de leurs fonctions. Aussi, une litanie de lacs rythme le cours du Saint-Laurent : lac Saint-Pierre, lac Saint-Louis, lac Saint-François et, là aussi, entre le fleuve et la plaine agricole, les villages riverains se sont multipliés (43).

Grâce à la douceur de leurs berges, les lacs des Appalaches ont aussi permis une certaine agriculture et favorisé l'implantation de villages, outre la fonction touristique qui y attire de plus en plus visiteurs et villégiateurs. La physionomie des villages s'en trouve modifiée. Mais c'est surtout au creux des reliefs bosselés du Bouclier canadien que se déploie la constellation de lacs qui font le bonheur des riverains, des villégiateurs (44), des vacanciers et même des convalescents (42).

Il est un lac dont la situation et les dimensions exceptionnelles de même que la physionomie des contours sont telles que le langage populaire s'y réfère simplement comme « le Lac ». C'est le lac Saint-Jean, qui forme une région à lui seul, avec sa couronne de villes et de villages (45) qui ont tiré leur prospérité économique de la terre, de la forêt et des industries de transformation. Plusieurs grandes rivières déversent richesses et mystères dans le Lac ; pas étonnant que de nombreux villages s'y soient installés en gardiens de l'arrière-pays (46).

42. Loin des villes et des usines, sur le chemin de fer qui unit Québec à la région du lac Saint-Jean, le lac Édouard offrait d'excellentes conditions pour l'emplacement d'un sanatorium autour duquel un modeste village s'est développé.

43. Au sortir du lac Saint-François, Côteau-du-Lac s'insère entre l'étendue lacustre, son delta et le canal de Soulanges qui le contourne.

44. Les milliers de lacs qui percent la forêt boréale sont autant d'enclaves humaines dans un monde resté vierge jusqu'à l'avènement d'une villégiature en quête de calme et de quiétude, maintenant omniprésente dans les Laurentides du nord de Montréal.

45. Roberval, au premier plan, et Pointe-Chambord, à mi-profondeur, font partie du chapelet de villes et de villages qui entourent le lac Saint-Jean et constituent une étrange région en forme de beigne (aux bleuets, sans doute…).

46. Péribonka, patrie de Maria Chapdelaine, posté à l'embouchure de la rivière éponyme.

À l'écoute de la nature

À l'écoute de la nature, il faut suivre ses enseignements, se soumettre à ses contraintes. Voilà qui fut, pour les pionniers en terre d'Amérique, une question de survie. Dans cet apprentissage d'un nouveau pacte avec la nature, les autochtones furent des précepteurs munis d'une pédagogie à la fois discrète et efficace. Les Européens avaient apporté avec eux une conception toute différente de l'occupation du territoire, une conception organisée, cartésienne. Mais, forts de leurs connaissances nouvellement acquises, ils durent adapter leurs habitudes et leurs rêves à leur nouvel environnement. Ce faisant, ils inventèrent le paysage québécois. C'est en écoutant la nature qu'ils relevèrent ce défi (48).

C'est parallèlement à la rive des routes d'eau traditionnelles que l'occupation du territoire s'est d'abord organisée. Après l'installation littorale des premiers arrivants, autant le long du grand fleuve que de ses affluents, d'autres villages s'étirèrent et s'alignèrent vers l'intérieur du pays comme un fidèle écho des premiers villages littoraux. Ils ont ainsi dessiné une géométrie du paysage qui exprime éloquemment la chronologie de la conquête de l'intérieur (50). Il arrive que le rivage n'ait été occupé par une rangée de chalets que postérieurement et parallèlement au village, bien installé sur ses terres à quelques embrasures derrière la côte (49).

Par endroits, le relief forme une barrière entre le fleuve et la plaine, notamment sur la rive sud. Qu'à cela ne tienne : l'alignement des villages se fera derrière le rempart côtier (52). Sur la rive nord, là où la montagne plonge sans transition dans le Saint-Laurent, c'est sur un magistral balcon côtier que s'alignent les villages et les rangs qui les doublent (51). Mais la nature a parfois ménagé d'heureuses transitions entre le littoral et les plateaux. Certains villages respectent l'escalier naturel qui monte par paliers à l'assaut de la montagne (53). Quant à la ville de Québec, son site lui a naturellement conféré un statut de cité à deux étages (54).

Pages précédentes :
47. Entre les villages historiques, deux rubans de verdure enveloppent les maisons qui s'échelonnent le long du Richelieu.

☺ 48. Le monastère des pères bénédictins, une des succursales de la Cité de Dieu, baigne dans la sérénité du paysage qui entoure le lac Memphrémagog.

L'écoute de la nature, qui se traduit entre autres choses par l'alignement des villages le long des cours d'eau, assure une diversité d'habitats qui concourt à la richesse du patrimoine paysager où lignes droites et lignes courbes se marient avec bonheur (55). L'homme a su mettre à profit les particularités et le potentiel d'un relief varié. La ville de Québec en est un exemple classique, car elle rassemble tout un éventail d'avantages liés à son site et à sa situation : le rétrécissement du fleuve, la hauteur de son rocher, la confluence avec la rivière Saint-Charles, la rencontre, à quelques kilomètres de là, des trois grandes régions géographiques du Québec, sa situation à la jonction du fleuve et de l'estuaire (56). Le cas de Sherbrooke, ville de confluence (57), est également intéressant et particulier.

Les villes et villages du Québec, de par leur situation, leur site, leur position relative sur le territoire, leur disposition dans l'espace, leur intégration dans les particularités du paysage de même que par le large réseau qu'ils composent, constituent une réponse à une écoute attentive de la nature (58). Le résultat en est un équilibre géographique qui contribue à l'harmonie des paysages.

⊖ 49. À Berthier, les lots agricoles font le lien entre le village linéaire et la rangée de chalets qui s'étire de part et d'autre du mystérieux « trou ».

⊖ 50. La plaine de Montréal affiche, entre les collines montérégiennes qui ponctuent sa parfaite horizontalité, la belle géométrie de son cadastre, fait de rangs et de lots rigoureusement parallèles.

⊖ 51. Saint-Fidèle représente
fidèlement le pays de
Charlevoix : mer et montagne
s'y conjuguent pour former
des paysages grandioses.

⊕ 52. Le village de Saint-
Simon s'aligne aussi sur
l'axe du fleuve, derrière une
double rangée de crêtes
appalachiennes.

53. Saint-Irénée, un village escalier qui s'est conformé à l'offre de la nature.

54. Il est des courageux pour gravir les quatre cents marches qui rachètent l'écart entre la Haute-Ville et la Basse-Ville.

↑ 55. Lignes courbes et droites se conjuguent pour dessiner un cadastre qui se plie, parfois mais pas toujours, aux caprices des méandres des rivières, comme derrière Lotbinière.

→ 56. Plusieurs villes prétendent au surnom de Seconde Gibraltar. Québec est sans conteste une de celles qui y a un droit indiscutable.

57. Sherbrooke s'est d'abord appelée « Grandes Fourches », traduction du nom abénaquis *Ktinekétolékouak,* ce qui annonce le site particulier qui a conditionné le plan de la ville.

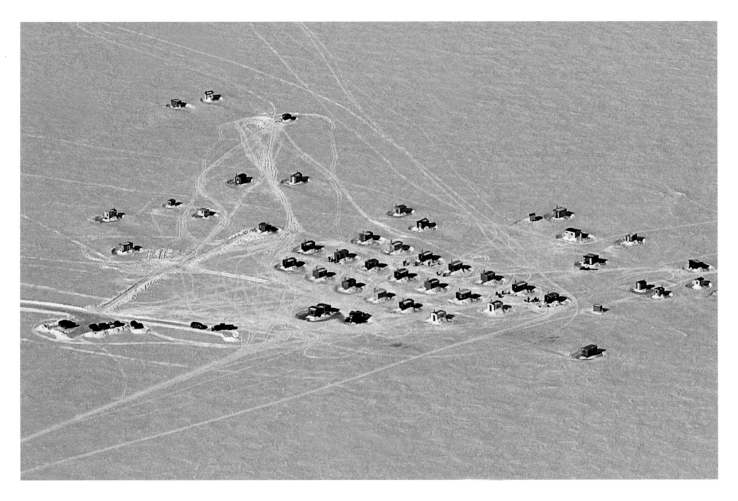

58. Il est des villages qui naissent avec les saisons. Le Saguenay en sait quelque chose.

Comme un jardin de givre

se déploient de façon rayonnante, favorisant ainsi une densité d'habitations qui répond à un impératif de défense et de proximité du voisinage (68). Bien différent, enfin, est le mode d'occupation du sol aux îles de la Madeleine : point de plan, point d'alignement ; la fantaisie du moment aura décidé de ce paysage rural à nul autre pareil au Québec (70). Il faut dire que, avant que se développent les projets gouvernementaux de logement pour les autochtones, les réserves indiennes avaient été construites sans plan défini et la position des habitations était aléatoire. C'est ce qui fait que, ici encore, les étapes de l'occupation du territoire sont inscrites dans le dessin des agglomérations (71).

On voit que la ligne droite a été, dès le début de la colonie jusqu'à récemment, la règle d'or de l'urbanisme, ce dont témoignent des quartiers entiers de Montréal, de Québec et de plusieurs villes moyennes (69). Mais vint un jour la ligne courbe. Après la Seconde Guerre mondiale, des villes nouvelles, des banlieues de villes existantes (73) ou des réserves indiennes (74) fraîchement créées adoptèrent des plans où le demi-cercle vint briser la monotonie des plans en damier qui, depuis des siècles, caractérisaient les villes des deux Amériques. Le mariage de ces deux modèles a été l'occasion d'expériences originales, comme à Fermont (72).

Oui, petit à petit, le Québec a dessiné sa toile comme un jardin de givre aux couleurs de l'été, en ordonnant ses plans géométriques selon un système rigoureux et en acceptant parfois de se plier aux caprices du réseau hydrographique ou du relief. Il en résulte une symphonie de couleurs dans un paysage harmonieux dont le rythme et l'équilibre sont les qualités essentielles.

61. La plaine de Kamouraska autour de Saint-Denis voit ses villages s'aligner parallèlement au fleuve pour créer une belle géométrie d'ailleurs soulignée par l'orientation générale du relief.

62. Une enfilade de maisons dominée par le clocher de l'église, sans plus, voilà le modèle des villages situés en marge de l'écoumène, comme dans l'arrière-pays de Montmagny.

63. Une simple croisée de chemins ; que l'on y construise une maison et une autre viendra, puis, qui sait, ce pourrait être un jour le cœur d'un village.

70. À L'Étang-du-Nord comme
ailleurs aux îles de la
Madeleine, point de géométrie :
le désordre apparent des
maisons traduit l'originalité
de l'habitat madelinot.

Aux marges du village et de la ville

83. Pour les Sorelois et les Berthelais, les cent îles du lac Saint-Pierre constituent une campagne authentique bien protégée par son insularité et à portée de courte randonnée.

84. Même s'il est situé à vingt kilomètres de Québec et de l'autre côté du fleuve, le village de Saint-Nicolas est devenu une cité-dortoir pour nombre de fonctionnaires et de travailleurs québécois.

85. Ce qui peut avoir l'air d'un centre-ville n'est ici qu'un prolongement, du côté québécois, du complexe des organismes du gouvernement fédéral canadien, la ville de Gatineau étant incluse dans le territoire de la Commission de la capitale nationale.

86. Le Musée canadien des civilisations déploie son architecture originale au bord de la rivière des Outaouais qui forme frontière entre le Québec et la capitale canadienne, en Ontario.

87. Vous voulez goûter l'hospitalité des Bicois ? Quittez alors la route principale, car on l'a fait contourner le village, comme tant d'autres !

117

⊖ 88. À Kuujjuarapik, les Inuits n'ont que quelques mètres à parcourir pour sortir du Québec, côté mer, car une étrange frontière les coupe de la mer et des îles qu'ils fréquentent.

⊕ 89. À Sainte-Anne-de-la-Pérade, la saison dite morte est la plus vivante grâce aux petits poissons des chenaux.

Formes et couleurs

Formes et couleurs se combinent, au village comme à la ville, pour composer des paysages humanisés, les couleurs de la nature ayant de tout temps inspiré les couleurs de l'homme. À l'éventail de teintes qu'offrent de saison en saison les forêts et les champs sous des ciels changeants, les constructions humaines ont ajouté leur arc-en-ciel de couleurs.

Tel village reflète alternativement les nuances chromatiques de l'été (93) ainsi que la douce et nostalgique blancheur de l'hiver (94, 95, 96). Tel autre a réuni toutes les teintes de la palette (91). Tel autre encore a résolument opté pour le rappel en toute saison de la blancheur hivernale (92). Il en est de même des quartiers urbains et surtout périurbains où la construction en série encourage la monochromie (97) ou la répétition des mêmes formes (98), ce qui peut leur conférer une certaine personnalité.

La diversité des matériaux utilisés dans les nouveaux quartiers résidentiels, comme pour les gratte-ciel des villes actuelles, apporte, il est vrai, un peu de variété dans la grisaille des centres-villes verticaux (99), mais c'est surtout le jeu du soleil qui, selon son angle d'attaque, irise la ville de reflets changeants. C'est à l'aube ou au déclin du jour qu'elle ajoute à son béton un brin de poésie (101, 102).

Couleur et forme sont indissociables et chacune a sa réserve de fantaisie (100) ou de monotonie. Pour l'une et l'autre, tout est question d'équilibre entre variété et cohérence. Ainsi, horizontalité et verticalité se conjuguent dès qu'une ville densifie son centre. Montréal est le plus bel exemple d'une ville où les plans des trois dimensions se coupent à angles droits. Le résultat en est une grande uniformité que quelques éléments courbes viennent distraire (103, 104). Comme Montréal, Québec concentre la plupart de ses édifices en hauteur au centre-ville mais, çà et là, quelques tours d'habitation et édifices à bureaux s'élèvent au-dessus de l'isométrie générale.

PAGES PRÉCÉDENTES :
90. Les habitants de Rivière-Ouelle se sont pliés de bonne grâce aux caprices de la rivière en alignant leurs maisons sur elle.

☺ 91. Aux îles de la Madeleine, il arrive qu'une série de maisons évoque une belle boîte de crayons de couleurs.

Pourtant éloignée du cadastre rural dans l'espace comme dans le temps, la ville en rappelle le processus, car les villages se sont souvent développés selon les axes que leur suggéraient les lignes des lots et des rangs (112). En fait, cette géométrie à grande échelle se retrouve jusque dans les plus minuscules ordonnancements de l'espace villageois. Il a fallu des implantations d'un autre ordre pour briser la géométrique uniformité du cadastre rural, comme, par exemple, les anciens équipements militaires (111). Dans les secteurs périurbains, le cercle se fait de plus en plus présent, mais discret.

Cela dit, la nature garde ses droits et a suggéré, sinon imposé, aux planteurs de villages de se conformer aux caprices du cours des rivières, du relief et de la géologie. À l'échelle humaine comme à l'échelle géologique, la nature est d'humeur changeante, elle s'amuse à colorer différemment les saisons. Ce jeu contribue à diversifier les formes et les couleurs dont se parent villes et villages.

92. Saint-Michel-de-Bellechasse, le bien connu « village blanc ».

93, 94. L'été, Lotbinière prend les couleurs de la saison. L'hiver, le fleuve cache ses abords sous le même blanc manteau que le pays, avec la complicité du village.

⌕ 95. La neige est sélective : elle recouvre les champs d'un blanc uniforme et fait mieux ressortir les secteurs boisés, ce qui facilite la lecture du paysage du Petit-Cap, situé à la limite orientale de la plaine du Saint-Laurent.

⊖ 96. L'hiver, la glace estompe les limites du fleuve à Leclercville.

97. Des variations sur le thème d'une teinte dominante ont donné un visage particulier à ce quartier du Grand Montréal.

98. Vues du ciel, ces maisons de Saint-Hubert affichent la même forme rectangulaire qu'enjolive heureusement un aménagement arbustif.

99. La diversité des couleurs qu'implique la variété des matériaux apporte aux gratte-ciel des centres-villes le brin de fantaisie qui manque à leur géométrie.

100. Sur l'île Notre-Dame, le site d'Expo 67 : angles aigus et lignes courbes se marient, aussi bien dans l'architecture que dans l'aménagement paysager.

101. Montréal ne déroge pas à la règle des villes nord-américaines : la verticalité du centre-ville est complémentaire à l'horizontalité des quartiers d'habitation.

102. Construit en 1929, l'édifice Price a été le premier gratte-ciel de la Vieille Capitale.

103. Ancré au centre des quadrilatères de la ville, le Stade olympique affiche fièrement son hommage à la ligne courbe.

104. Pour rompre la régulière géométric de Montréal, la coupole de l'Oratoire Saint-Joseph prolonge vers le ciel les rondeurs et les couleurs du mont Royal.

105. Même l'imagination la plus fertile ne peut se représenter tout ce que renferment ces containers qui s'agglutinent à la jonction de leurs itinéraires routiers, ferroviaires et maritimes.

106. Le besoin de stocker les hydrocarbures peut amener les ingénieurs à jouer les artistes et à parer les quartiers industriels d'installations géantes.

107. Le Jardin botanique de Montréal s'est paré de formes, de couleurs et d'essences asiatiques.

108. Divertissements et sensations fortes font aussi partie de la culture nord-américaine.

109. Les formes et les couleurs s'emboîtent parfois. Ainsi, l'Université du Québec à Montréal s'est logée dans ce qui reste de l'église Saint-Jacques.

110. Formes et couleurs héritées des architectures française et britannique ont également contribué à l'originalité du Vieux-Québec.

⊕ 111. Le fort Lennox, sur l'île aux Noix, est lié à plusieurs repères historiques dont la rébellion des Patriotes et la guerre de Sécession américaine.

⊖ 112. Sainte-Famille, un des villages de l'île d'Orléans, ordonne ses champs, ses rues, ses édifices et son cimetière selon une même géométrie.

À l'ombre de l'arbre généalogique

Chapitre 7

À l'ombre de l'arbre généalogique

dont elle est le fruit, chaque communauté a construit sa demeure et aménagé son environnement selon ses traditions. Aussi, toute agglomération est et doit nécessairement être un milieu de vie adapté aux besoins et aux désirs du groupe qui y vit. Ainsi, au Québec, le village traditionnel hérité de la Nouvelle-France, le village loyaliste des Cantons-de-l'Est et les établissements des autochtones constituent trois types d'agglomération bien différents.

Au cœur du village québécois traditionnel se retrouvait le couple inséparable église-presbytère (115 à 118) auquel s'adjoignait souvent le couvent qui partageait la même mission : l'instruction catholique. À partir de ce noyau se sont étirés les rangs et, perpendiculairement, les montées (125). Par ailleurs, la multiplicité des confessions religieuses du monde anglican a fait que, dans les villages fondés par les loyalistes, ce sont deux, trois et parfois même quatre temples qui se partagent les lieux de rassemblement des communautés (119 à 122). Catholiques et protestants ont aussi localisé différemment leurs cimetières (123-124).

Bien différents sont les établissements autochtones, comme ils le sont aussi les uns des autres. Alors que les nations du Sud, les Micmacs (126), les Abénaquis (127) et les Mohawks (128) habitent des villages calqués sur le modèle québécois, géométrie en moins, les villages « planifiés » du Nord, plus récents, ont adopté un modèle plus systématique, intégrant dans le tissu communautaire une division fonctionnelle de l'espace. Y aurait-il une raison cosmogonique au fait que les communautés innues de la Côte-Nord ont adopté la ligne droite (129, 130) et les Cris de la région de la Baie-James, la forme circulaire (131, 132) ? Qui sait...

L'arbre généalogique du Québec est un arbre de vie sur lequel les générations ont greffé de multiples branches, surtout en milieu urbain. Mais certains villages, à l'image réduite de la métropole, ont aussi un caractère multiethnique.

PAGES PRÉCÉDENTES :
113. Sans doute à cause de son insularité, l'île aux Grues fut un temps un conservatoire authentique de traditions rurales héritées de la Nouvelle-France.

© 114. Une rangée de belles demeures cossues évoquant celles des Cotswolds fait face à l'église Saint-Dominique. On se croirait en Angleterre ; et pourtant...

115. Que l'on soit à L'Isle-Verte...
115a. ... à Saint-Antoine-de-Tilly...
115b. ... à Champlain...
116. ... à Deschambault...
117. ... à Saint-Antoine-sur-Richelieu...
118. ... ou à Maskinongé, on aperçoit le même duo : le presbytère à l'ombre de l'église.

115

115a   115b

116

117

118

119. À Clarenceville,
deux temples protestants
se jouxtent.
120, 122. À Mystic et à Ways
Mills, ils se font face.
121. À Hatley, comme souvent
dans les villages loyalistes
des Cantons-de-l'Est, chaque
temple a son cimetière.

119

120   121

123. Les cimetières catholiques sont traditionnellement blottis tout contre l'église, comme à Maskinongé.

124. Chez les protestants, le cimetière se retrouve souvent à l'écart des villages, comme à East Hereford.

125. À la jonction d'un chemin de rang et d'une montée, la coopérative et l'église veillent respectivement aux besoins matériels et spirituels des habitants.

126. Pointe-à-la-Croix regarde, au-delà de la baie des Chaleurs, vers le Nouveau-Brunswick où vivent la majorité des Micmacs.

⊖ 127. Odanak est un joli
village dont l'empreinte
autochtone serait à peine
visible si ce n'était de son
musée amérindien qui, à
l'ombre de la chapelle, évoque
l'histoire du peuple abénaquis.

⊕ 128. Kahnawake, située
aux portes de Montréal, est la
plus populeuse des réserves
indiennes du Québec et
également la plus urbaine.

129. Les constructeurs de Betsiamites, une des réserves innues de la Côte-Nord, ont appliqué rigoureusement leur esprit de géométrie.

130. Les parties récentes des deux villages de La Romaine, le blanc et l'indien, ont, à la différence de l'ancien village, marié espace et géométrie.

131. Entre mer et taïga, des villages cris de la région de la Baie-James disposent en rayons leurs habitations autour d'un centre de services.

132. Oujé-Bougoumou, le plus récent village cri créé de toutes pièces en 1992, s'est vu décerner un prix par l'Organisation des Nations Unies pour l'originalité de sa conception.

Chapitre 8

À chacun son rôle : voilà un principe qui joue autant pour les collectivités que pour les individus. Il existe toujours une division des missions et des fonctions entre les régions d'un pays, entre les villes d'une région, entre les quartiers d'une ville, entre les entreprises et les institutions d'un quartier et entre ceux qui y travaillent ; bref, une pyramide de responsabilités. En effet, à tous les niveaux, les fonctions sont multiples et ce n'est qu'en simplifiant les choses qu'on peut attribuer une fonction dominante à un village, et à plus forte raison à une ville. Il reste que cette qualification a un sens, ne serait-ce que pour justifier et alimenter l'image que toute communauté projette.

Ainsi, les villages implantés dans les régions agricoles ont un air de famille peu influencé par les particularités géographiques de la région où ils se situent. Que l'on soit dans la plaine du Saint-Laurent où les seuls éléments verticaux du paysage, outre les flèches des églises, sont les silos qui témoignent d'une spécialisation céréalière mariée à celle de l'élevage (135), en bordure du fleuve (136), sur les ondulations des Appalaches (134) ou même sur les rares plateaux du Bouclier où les tas de roches parsèment les champs, témoins du laborieux travail d'épierrement qu'ont exigé les conditions naturelles de ce dur pays (139), le village québécois a sensiblement le même visage.

Certaines campagnes constituent, il est vrai, un environnement particulier, notamment quand leur géométrie suit un autre modèle comme celui, par exemple, que leur confère la présence de vergers (137). Mais la règle générale veut que, de part et d'autre du centre du village, les prolongements linéaires que sont les rangs contribuent à l'homogénéité du paysage rural québécois. Le village loyaliste, quant à lui, inséré dans un cadastre différent, se distingue par un environnement plus aménagé qui rappelle spontanément le paysage de bocage (138).

PAGES PRÉCÉDENTES :
133. Rien d'étonnant à ce que Harrington Harbour fasse l'objet d'une *Grande Séduction.* Aucun autre village du Québec n'offre un visage aussi original.

© 134. Saint-Alexis-de-Matapédia illustre bien que l'agriculture a réussi à s'implanter jusque dans les hauts plis des Appalaches.

On sait que d'ouest en est, à mesure que le fleuve s'élargit, ses rivages se rétré-cissent et l'enserrent de plus en plus. Privées d'arrière-pays cultivable, les localités côtières sont donc naturellement tournées vers la mer et ses ressources. La Gaspésie et la Côte-Nord (140) sont, de ce fait, des pays essentiellement littoraux où la pêche a longtemps constitué l'activité principale des villages qui s'y succèdent.

On a dit que la Russie était née du mariage du fleuve et de la forêt. On peut dire la même chose du Québec. De part et d'autre du grand fleuve, la forêt cons-titue une réserve fréquentée et exploitée, à l'exception de la partie occidentale des Appalaches, relativement peu habitée. La Gaspésie intérieure et la forêt boréale sont pratiquement dépourvues de villages permanents, à l'exception, bien sûr, des établissements autochtones et de quelques localités installées pour l'exploitation minière (141, 142) ou énergétique (144).

Les villages forestiers sont donc rares (145) et d'ailleurs souvent temporaires, car il faut laisser à la forêt le temps de se régénérer avant de revenir l'exploiter.

◐ 135. Dans la région de Lotbinière, cultures céréalières et élevage se conjuguent avec profit.

◑ 136. À Saint-Roch-des-Aulnaies, on cultive jusqu'à l'extrême limite des marées.

En fait, les villages et les villes dont l'activité principale dépend de la forêt (146) sont souvent situés en dehors du domaine forestier qui en constitue l'arrière-pays. Les exutoires des voies d'eau sur lesquelles la drave a été pratiquée jusqu'au milieu du XXe siècle ont souvent orienté le choix de l'emplacement des compagnies papetières. D'autres jonctions, construites par l'homme, celles-là, ont été à l'origine de certains villages ; le chemin de fer a été, en ce sens, un facteur de localisation important (147, 148).

On le voit, la mise en place des infrastructures du pays a orienté le développement du réseau de villes et de villages. Mais il ne faut pas oublier que l'homme ne vit pas seulement de pain et que le loisir inscrit de plus en plus sa marque dans le paysage. Assez longtemps réservé à une classe de privilégiés, souvent étrangère d'ailleurs (150), l'usage des plans d'eau à des fins de récréation et de villégiature s'est répandu dans les Laurentides et a conféré à cette région une vocation ludique particulière. Ainsi, de nombreux lacs sont littéralement ceinturés de chalets privés, de quais et d'embarcations (149), alors que marinas et clubs nautiques ponctuent le fleuve, ses affluents et même quelques-uns des lacs de bonnes dimensions.

Le rythme et le contraste des saisons font que, l'hiver venu, sur le plan des loisirs, la montagne prend le relais de l'eau. Les équipements sportifs attirent de plus en plus une clientèle qui en saison prend racine dans de nouveaux « villages de neige (151, 152) », de quoi donner raison à Vigneault qui chante « Mon pays, c'est l'hiver ».

⟵ 137. Les vergers de Saint-Antoine-Abbé sont une promesse des cidres qui font l'orgueil de la région montérégienne.

⟶ 138. Vu du haut des airs, Hatley, village loyaliste doucement lové dans un paysage de bocages, rappelle un peu la Normandie.

Si la géographie a eu son mot à dire dans la localisation des installations humaines, l'histoire n'est pas en reste, car elle a conféré à certains lieux une fonction de mémoire qu'ils ont su valoriser, grâce à l'appui de gouvernements conscients de l'importance d'actualiser le passé (153, 154, 156). Fort heureusement, il arrive aussi que survivent, comme des témoins muets, des villages dont ont eu raison les lois implacables de l'économie (155).

Les villages du Québec ne se sont pas contentés de conserver dans un écrin secret le précieux héritage que leur ont légué l'histoire et la géographie des lieux. Ils l'ont souvent valorisé, développé, enrichi d'initiatives et de fonctions nouvelles et, ce faisant, ils se sont dotés d'un statut de pôle régional, contribuant ainsi à échafauder une structure et un réseau hiérarchisé de villages, de villes et de métropoles.

139. Au milieu des champs, des tas de pierres parlent : elles racontent le dur travail d'épierrement que la nature a imposé aux défricheurs des Éboulements.

140. La mer est plus généreuse que la terre à Rivière-au-Tonnerre, village de pêcheurs nord-côtier.

173

141. « Val d'Or », un nom qui explique que le précieux métal soit à l'origine du peuplement rapide d'une région marginale qui a trouvé là une vocation particulière.

142. Enfoui dans les profondeurs du massif gaspésien, le cuivre a été à l'origine d'une ville qui subit aujourd'hui les conséquences de la fragilité des agglomérations monoproductrices.

143. La région de la Baie-James a constitué un terrain propice à d'intéressantes expériences de planification urbaine.

144. Les grands projets d'Hydro-Québec ont fait naître d'importantes agglomérations temporaires, comme Radisson.

145. Le chemin de fer qui relie le lac Saint-Jean et l'Abitibi traverse plusieurs villages qui ne doivent leur existence qu'à l'exploitation de la forêt.

146. Bien des villages doivent leur existence aux activités de compagnies forestières, comme Price, dont le nom dit bien quelle compagnie a été à l'origine de sa fondation.

147. À Rivière-à-Pierre se sont succédé des rôles différents : l'exploitation forestière, une certaine agriculture, l'entretien de la voie ferrée puis l'extraction du granit.

148. Charny, situé à proximité du pont de Québec, est, sans jeu de mots, à la charnière du chemin de fer transcontinental et de la bretelle qui rejoint Québec.

⊖ 149. Des lacs frangés d'un chapelet de débarcadères privés, voilà un spectacle fréquent dans les Laurentides du nord de Montréal.

⬆ 150. À Montebello, en contrebas de la plus grande construction en bois rond au monde, une marina attend les plaisanciers.

151, 152. Mont-Tremblant, un Disneyland de sports d'hiver qui fait fortune.

153. Fort Chambly, un des joyaux de la vallée des forts, rappelle les efforts déployés en Nouvelle-France pour protéger Montréal contre l'invasion britannique.

154. L'Hôpital général rappelle le rôle humanitaire joué par les sœurs augustines qui, lors de la guerre de la Conquête, ont hébergé et soigné des soldats des deux camps.

↑ 155. Val-Jalbert, aujourd'hui un centre d'interprétation pédagogiquement aménagé, est le témoin des heurs et malheurs de l'industrie de la pulpe à papier.

→ 156. Le rôle militaire de Québec a marqué le visage de la ville où une citadelle à la Vauban coiffe le cap qu'on a comparé à Gibraltar.

Chaque ville a une image

Chaque ville a une image qui colle à son nom,

un peu à la manière d'une spécialité associée à un restaurant. Pourtant, les menus de toute bonne table annoncent bien d'autres attraits qui complètent l'élément vedette. Ainsi va la ville quant à ses fonctions. Bien qu'au fil de l'histoire, elle soit en général issue d'un village qui a grandi, elle est aujourd'hui bien autre chose qu'un gros village. Lors de sa métamorphose, elle a changé de personnalité et a diversifié ses fonctions ; elle a pour ainsi dire multiplié ses visages. Elle s'est parée d'un arc-en-ciel de couleurs qui justifient son titre de ville. Mais cela n'empêche pas que chacune possède sa teinte dominante, en dépit de son caractère multifonctionnel qui lui est pourtant essentiel.

Il arrive que ce soit l'histoire qui a conféré à telle ou telle ville une image qui traduit le rôle qu'elle a joué dans la construction du pays. Nul n'hésitera à reconnaître que Québec est à l'enseigne du berceau de l'Amérique française, Gaspé, à celle du berceau du Canada et Saint-Denis, à celle du village des Patriotes. Aussi, bien des Gaspésiens savent que la Petite Belgique désigne le village de Saint-Alphonse.

L'histoire des villes du Québec est bien jeune. De ce fait, l'image qui s'en dégage fait le plus souvent référence soit à des particularités géographiques qui remontent à la nuit des temps, soit à des caractéristiques qui tiennent à leurs fonctions récemment acquises. Ainsi, Québec (158-159) tire une autre de ses représentations dans l'histoire géologique des Appalaches et l'emblématique promontoire qu'elle nous a légué. Celle de la plaine du Saint-Laurent, pour sa part, livre un souvenir de l'ère secondaire avec ses collines Montérégiennes, dont le mont Royal, inséparable du visage de Montréal (160). À l'autre extrémité du Québec, c'est l'incessant travail de la mer qui a gratifié la modeste agglomération de Percé d'un rocher doté d'une architecture naturelle qui ne laisse personne indifférent. La toponymie a consigné dans le nom de Chicoutimi (161), qui signifie « jusqu'ici, c'est profond », la particularité de

159. Le nom de Port-Cartier est indissolublement lié au fer du Labrador intérieur qui y est transformé et transbordé.

160. Le mont qui domine Montréal en son milieu mérite son appellation de « Royal », comme Montréal mérite de l'annoncer dans son nom.

son site à la tête du fjord, comme elle l'a fait de façon transparente pour les villes de La Baie et de Sept-Îles.

C'est aussi la configuration géographique des lieux qui a conféré à quelques villes le rôle et l'image de porte de sortie pour les richesses de l'arrière-pays. Les papeteries de Trois-Rivières (162) ont longtemps été alimentées par voie d'eau avant de l'être par la route. À Port-Cartier (159), c'est par chemin de fer que le minerai du Labrador intérieur arrive pour ensuite emprunter la voie fluviale. Pour sa part, depuis l'époque héroïque de la conquête de l'intérieur, Tadoussac joue le rôle de porte d'entrée du « royaume du Saguenay ».

Les images que projettent les villes reflètent l'évolution des activités du lieu ou de la région. Ainsi, l'imagination populaire a longtemps associé Cap-Chat au rocher littoral dans lequel elle reconnaissait un quelconque profil félin, alors que ce toponyme est une déformation du nom du Sieur Aymar de Chastes, qui fut lieutenant général de la Nouvelle-France. Aujourd'hui, le nom de Cap-Chat

évoque plutôt la forêt d'éoliennes qu'on a plantée dans la campagne environnante pour tirer profit des vents du large (164).

C'est généralement la référence aux fonctions dominantes des villes qui nourrit les images qui s'en dégagent. Les activités industrielles sont à cet égard bien représentées. Ainsi, qui dit Jonquière pense aluminerie (163). Qui aperçoit Saint-Romuald (165) voit en même temps l'importante raffinerie à laquelle on l'associe. Le cuivre et le zinc sont naturellement liés au ciel de Rouyn-Noranda (167), alors que Val-d'Or affiche jusque dans son nom ce qui a fait sa fortune (168). Aussi, la production d'énergie, l'exploitation forestière (169), l'extraction minière, les

195

industries de transformation (166), les infrastructures de transport et même la fonction d'enseignement et de recherche se conjuguent souvent pour développer des villes multifonctionnelles dont l'image, de ce fait, peut être multiple.

Qui pense Trois-Rivières (162) n'imagine pas les trois rivières – qui n'y sont d'ailleurs qu'une, divisée, il est vrai, en trois bras par deux îles postées à son embouchure –, mais se rappelle plutôt le « parfum » de ses papetières, pour emprunter le langage que répand chaque automne dans la ville le Festival international de la poésie. À Clermont aussi, une touche de poésie vient compléter l'image d'une ville vivant des produits de la forêt : c'est le souvenir du chantre de Charlevoix, Félix-Antoine Savard, qui y a longtemps exercé son ministère. Le nom de Shawinigan est associé à l'image de cette ville qui s'est vite imposée comme le lieu d'un centre énergétique et industriel important (170). À la vue de l'aciérie de Sorel, le visiteur a le choix de penser à l'exploration, à l'extraction et à la transformation du minerai nord-côtier que Vigneault a chantées dans son *Fer et titane* ou, sans remonter si loin, à un agréable dépaysement au pays du Survenant, le long du chenal du Moine.

Le loisir autant que le travail a conféré à certaines villes une image qui évoque les sports d'hiver (171) ou d'été (172). Le nom de Métis a été longtemps associé, lui aussi, aux plaisirs d'une villégiature de luxe, mais aujourd'hui il évoque davantage la riche polychromie de ses jardins. Le jeu a aussi coloré le nom de certains lieux : Pointe-au-Pic et Hull (173) (maintenant La Malbaie et Gatineau) sont de ceux-là. Ceux que le hasard n'aura pas favorisés dans ces lieux de coûteux divertissements pourront toujours aller chercher consolation dans les villes dont les équipements religieux attirent de nombreux croyants (174).

161. On associe naturellement Chicoutimi à sa situation au fond du fjord du Saguenay. C'est aussi la capitale du Royaume dont on lui prête aujourd'hui le nom.

162. Trois-Rivières a profité de son avantageuse situation à la sortie du Saint-Maurice qui draine vers le Saint-Laurent notre grande réserve forestière et mérite son titre de capitale mondiale du papier.

163. Qui dit Jonquière dit Alcan. Et la ville mérite elle aussi son titre de capitale de l'aluminium.

164. Autrefois, on associait avec fantaisie Cap-Chat à la forme de son rocher. Aujourd'hui, c'est une réalité bien concrète qu'évoque son nom : la forêt d'éoliennes qui exprime avec élégance l'imagination de l'homme qui a su capter le vent pour le transformer en énergie.

165. De Québec, la fumée qui s'élève de la rive opposée rappelle qu'à Saint-Romuald une importante raffinerie transforme le brut apporté par les pétroliers qui y accostent directement.

166. Drummondville est le centre industriel le plus important de la région du Cœur-du-Québec.

167. Rouyn-Noranda, la capitale nationale du cuivre, a apporté une contribution essentielle au développement économique de l'Abitibi. La proximité de plans d'eau et un aménagement rationnel lui ont valu aussi le titre de « ville en santé ».

168. L'image de Val d'Or tient dans son nom. Si l'importance de l'exploitation de l'or n'est plus ce qu'elle était, on peut se le remémorer en visitant le Village minier de Bourlamaque, un centre d'interprétation très évocateur.

169. Malgré ses dimensions modestes, la ville de Roberval évoque plusieurs fonctions :
industrie du bois, centre régional de services et, pour les sportifs, la traversée annuelle du
lac à la nage, compétition mondialement connue.

170. Shawinigan a constitué un site fort indiqué pour y mettre sur pied la Cité de l'Énergie, un centre d'interprétation qui évoque l'origine et la vocation industrielle de la ville.

171. Le mont Sainte-Anne porte dans ses flancs la marque des pistes qui attendent l'hiver pour recevoir leurs visiteurs sur skis et sur planche à neige.

172. Pour la population de la région de Québec, le nom de Boischatel évoque le vaste terrain de golf qui s'étend sur les terrasses calcaires de la côte de Beaupré.

173. À Hull, maintenant devenu Gatineau, outre le Musée canadien des civilisations, le Casino est l'endroit le plus fréquenté aux fins de divertissement.

174. Certains lieux sont indissolublement liés à la pratique religieuse comme la ville voisine de Trois-Rivières, Cap-de-la-Madeleine, grâce à son sanctuaire Notre-Dame-du-Cap et sa basilique Notre-Dame-du-Rosaire.

Des noms qui parlent

Des noms qui parlent, qui décrivent, racontent ou simplement évoquent des réalités, des événements, des personnages et parfois même des mythes, tels sont les noms qui identifient les villes et les villages du Québec. Parmi ces toponymes, il en est aussi qui lancent sur de fausses pistes les chercheurs de sens. Il y a toujours de belles histoires à découvrir en auscultant les mots qui désignent les villes et les lieux du pays.

Les toponymes, ces identificateurs de lieux, sont parfois tout à fait transparents. Nombreux sont les villages et les villes annonçant par leur nom le phénomène géographique qui est souvent l'élément ayant attiré là les premiers occupants. Cet hommage toponymique rendu à la morphologie du pays est chose fréquente au Québec. Prudemment lové au fond d'une baie (177) ou stratégiquement posté en observateur devant un rocher que la mer a percé (178) ou encore protégé par une série d'îles dont le décompte est en général approximatif (179), il arrive que les villages affichent à la fois leur localisation et l'intérêt géographique qui les caractérise. Parfois, les villages se font même pédagogues et rappellent au voyageur les beaux mots que le langage populaire a malheureusement délaissés, sauf dans la bouche des habitants des lieux qui ont raison d'être fiers de ces survivances (175). La Baie, Percé, Sept-Îles, Barachois : la carte géographique du Québec est une litanie d'accidents géographiques.

Partout où cela était possible au Québec, on le sait, les lacs ont attiré l'installation humaine, de sorte que plus de quarante municipalités portent les noms des lacs qui les baignent (181) et une vingtaine, ceux des rivières qui les traversent ou les bordent. De la même manière, les noms d'une quinzaine de baies et d'autant de caps désignent aussi des villages, des villes ou des lieux-dits. Vu l'importance de l'eau sous toutes ses formes dans le paysage québécois, rien d'étonnant à ce que la toponymie ait adopté le même langage pour la topographie et pour les installations humaines. Parfois même, la terminologie qu'elle

PAGES PRÉCÉDENTES :
175. La mémoire des noms est souvent salutaire. Entre autres choses, elle nous rappelle les beaux mots de la langue qui s'estompent dans l'usage, tel *Barachois*, « petit port, anse, lieu de refuge », note le dictionnaire.

⊖ 176. Les deux îlets rocheux ont-ils vraiment donné son nom au village dont ils décorent le rivage ? Mystère.

emploie en dit long sur les événements qui, à l'échelle géologique mais aussi à l'échelle humaine, ont modifié le relief (182).

Mais la toponymie garde jalousement quelques secrets. Des villages offrent ainsi leur nom à l'attention des chercheurs qui voudraient percer le mystère qu'il recèle. Qui dira quel lien un village du Bas-Saint-Laurent peut avoir avec une arme à feu, un poignard ou une pièce de monnaie, lesquels sont trois des sens possibles du mot « pistole » (183) ? Qui dira si le nom de Rivière-du-Loup rappelle le souvenir du *Loup,* un navire qui y a hiverné vers 1660, s'il signale la présence des loups à quatre pattes ou des « loups marins », autrefois nombreux et abondamment chassés dans les parages, ou encore s'il désigne la tribu amérindienne des Loups, aussi appelés Mohicans ?

Certaines certitudes supposément acquises de longue date sont parfois remises en question par des observations qui sèment un doute fertile. Devant les deux

177. La Baie ; peut-on imaginer un nom de lieu plus transparent ? Il ne s'agit pas d'un cas isolé. Pensons à ces autres villes : Le Havre, Le Cap, Lachute, Trois-Rivières.

178. Il arrive souvent qu'un village prenne le nom d'un accident naturel voisin. C'est bien le rocher qui est... percé.

179. Comme les cent îles du lac Saint-Pierre et les mille îles de la rivière éponyme, la baie de Sept-Îles porte un nom approximatif. Selon l'importance que l'on donne aux îlots de petites dimensions, le nombre d'îles dans la baie pourrait bien augmenter.

rochers rondelets qui décorent le rivage du village des Boules (176), dans la région du Bas-Saint-Laurent, on voit volontiers l'origine de cette sympathique appellation. Mais voilà qu'une carte ancienne mentionne « Bull's Bay », alors que ces îlots ont, semble-t-il, inspiré aux anglophones du village voisin de Métis les surnoms de Cow et de Bull ; que penser ? La toponymie des villages du Québec regorge de ces petits mystères qui nous amènent à nous interroger sur le sens des traductions et à nous demander, par exemple, si c'est la confiance ou le désespoir qui a inspiré le nom du joli village gaspésien alternativement nommé, sur les cartes, Cap-d'Espoir et Cape Despair. Parfois mystérieux, les noms peuvent aussi être carrément trompeurs. Ainsi, en réalité, les trois rivières de la capitale de la Mauricie n'en sont qu'une : les responsables de ce mensonge toponymique s'avèrent les deux îles qui, à son embouchure, séparent le Saint-Maurice en trois bras (184). Aussi, en toponymie, les conclusions hâtives comportent toujours le risque d'inventer l'origine du nom d'un village. Quiconque sait qu'à Forestville on exploite la forêt environnante sera tenté d'y voir l'origine du nom (185) de cette municipalité. À voir ! Voilà des exceptions qui confirment la règle, car d'autres villes et villages affichent leur raison d'être avec clarté.

Le message des noms de villages, comme de ceux, innombrables, des accidents géographiques, est toutefois soumis à la connaissance de la langue dans laquelle sont nés ces noms. Devant la configuration du Saint-Laurent, en face de la Vieille Capitale et à la tête de l'estuaire du grand fleuve, il est difficile de douter de l'origine du mot Québec, « rétrécissement, goulot » en micmac (180), d'autant plus qu'une topographie analogue, en Nouvelle-Écosse, est désignée par le même nom. Devant Tadoussac, l'observateur guilleret peut se laisser distraire par la beauté de la majestueuse entrée du fjord et voir, dans les montagnes qui flanquent le village, les « mamelles » que ce mot signifie en langue innue (187). On ne s'étonnera pas que les bons missionnaires aient proposé d'autres explications allant de la glace au homard.

Les toponymes qui coiffent les villes et villages du Québec ont beaucoup à dire, à révéler. Ils parlent, chacun dans sa langue (186) ; ils annoncent les sites ou les fonctions des lieux qu'ils désignent, évoquent les références culturelles, sociales et parfois politiques qui ont présidé à leur création. Ils sont des clés pour ouvrir le coffre aux trésors du patrimoine historique et géographique dont les villes et villages du Québec sont les dépositaires.

180. Le site de Québec, sur un cap qui forme goulot au fleuve, lui a valu son nom : *Kepek* ou *Gepeg* signifiant, en langues micmaque et abénaquise, « rétrécissement des eaux ».

181. Vu du ciel, on voit très bien que le lac à la Croix porte son nom. Là encore, le village a calqué son nom sur celui du lac en forme de croix qu'il entoure.

221

182. C'est du flanc de la montagne dont le village des Éboulements occupe le sommet que s'est détachée une langue de terre d'où part aujourd'hui le traversier vers l'île aux Coudres. En 1663, un violent tremblement de terre a occasionné cet éboulement.

183. Que furent ces trois pistoles qui donnèrent son nom à ce village ? Encore là, mystère.

184. Trois-Rivières, une ville située à la confluence d'un fleuve et d'une rivière. Où est la troisième rivière ?

185. Forestville est un autre de ces toponymes qui dirigent le voyageur sur de fausses pistes.
Oui, la forêt est là, mais pas dans le nom.

186. Cette photo n'est pas une surprise pour qui sait que le mot « Asbestos » est le terme anglais pour amiante, que la langue populaire a baptisée « pierre à coton ».

187. Plus secrète est la signification de Tadoussac pour ceux qui ne connaissent pas la langue des Innus. Ceux-ci savent que *Totushkak* signifie « les mamelles », jolie évocation de formes féminines honorées par la nature...

De là-haut, on découvre la déconcertante vastitude du territoire québécois dans laquelle pourtant s'est enraciné un pays cohérent fait de villes, de villages, de campagnes et de forêts percées çà et là d'installations humaines. Comme l'oiseau fait son nid petit à petit , à l'ombre de leur arbre généalogique, les bâtisseurs de pays ont créé un paysage dont les formes et les couleurs rappellent, dans le temps, le déploiement d'un jardin de givre et, dans l'espace, une savante courtepointe.

Il vaut la peine de visiter le pays par le menu détail et, de découverte en découverte, d'admirer ce que le savoir-faire de ses habitants y a construit et aménagé. Au fil de l'eau, le long des routes solitaires, aux marges du village et de la ville, à l'écoute de la nature ou de la sonorité orchestrale des villes, il faut capter le message des noms des milliers de lieux nommés et ainsi redécouvrir l'origine des choses. Mais il vaut aussi la peine de prendre ses distances verticales, si l'on peut dire, de jouer les oies blanches, d'embrasser du regard le savant maillage de villages qu'a tissé le pays et d'en voir ainsi à la fois la variété et la logique d'ensemble. Tel était le but du présent ouvrage, qui vous propose dans les pages qui suivent un dernier et rapide survol du Québec habité. Bon voyage !

189

190

191

195

194

196

197

198

Index des lieux et des photos

Les chiffres en caractère gras renvoient aux numéros des photos, tandis que les chiffres en caractère léger renvoient aux numéros des pages où il est question du lieu concerné.

Table des matières

Achevé d'imprimer au Canada
sur les presses des Imprimeries
Transcontinental Inc.